수상한 몸공장

레이철 폴리퀸 지음
클레이턴 핸머 그림
조은영 옮김

수상한 몸 공장

피, 땀, 호르몬의 비밀을 밝히는 미스터리 의학 그림책

동녘주니어

차례

공장장
공장장
작업반장
직원
병균
14
13
12
9
10
사무실

자, 어리둥절한 표정들을 보니 무슨 생각들을 하는지 다 알겠군.

'도대체 분비샘 공장이 뭐지? 우리 몸속에 이런 공장이 왜 있는 거야?' 하는 궁금증들이 떠올랐지? 아주 좋은 질문이야. 그럼 대답해 주지. 땅에서 물이 솟아 나오는 곳을 샘이라고 하잖아? 너희 몸속에는 이 샘처럼 온갖 물질을 만들어서 분비하는 공장이 있어. 너희가 바로 그 '샘 공장'을 찾아온 거야. 오늘 나와 함께 이 공장 견학을 마치고 나면 분명히 콧물과 오줌과 도넛이 다르게 보일 거야. 약속할게!

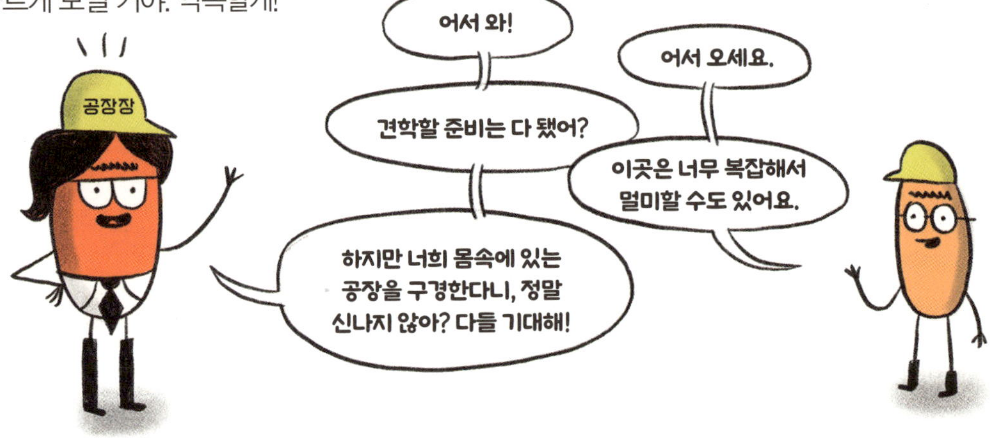

지금부터 너희는 눈알이 뽕 튀어나오고 가슴의 털이 쭈뼛 설 만큼 놀라운 것들을 보고, 듣고, 배우게 될 거야. "전 가슴에 털이 없는데요?"라고 말하려고 했지? 하지만 잘 들어봐. 가슴에 털이 자라고 안 자라는 것도 모두 이곳 분비샘 공장에서 통제한다는 말씀! 키가 자라고, 배가 고프고, 뼈가 튼튼해지고, 땀을 흘리고, 오줌을 누고, 긴장해서 속이 메슥거리는 것까지 모두 우리 공장에서 관리한다고.

그게 정말이냐고? 몸속에 이런 샘이 있는 줄도 몰랐다고? 정말 이 샘들이 중요하냐고?

이렇게 설명해 볼게. 연못 위에 백조 한 마리가 유유히 떠다니고 있어. 전혀 힘들이지 않고 자연스럽게 물 위를 미끄러지듯 움직이고 있지. 하지만 물속을 들여다보면 어떨까? 물갈퀴가 달린 발이 수면 아래에서 쉴 새 없이 물을 차고 있을 거야. 자, 친구들. 너희가 바로 저 수면 위의 백조와 같단다.

너희 몸도 수면 위의 백조처럼 자연스럽게 잘 작동하고 있어. 심장은 너무 빠르지도, 너무 느리지도 않게 뛰고, 체온도 늘 일정한 범위 안에서 유지돼. 보통은 점심을 먹다 말고 갑자기 잠이 들거나, 밤에 자다가 수도 없이 깨서 화장실에 가는 일도 없어. 너희가 어디에 있고, 무엇을 하든 너희의 몸은 언제나 '더도 덜도 아닌 딱 알맞은 상태'를 유지하고 있어. 인간은 바로 이 '딱 알맞은' 상태를 지킬 때 가장 건강하고 행복하게 살아갈 수 있단다.

하지만 이 '딱 알맞은' 상태가 그냥 저절로 만들어지는 것은 아니야.

바로 지금 이 순간에도 너희 몸속의 분비샘 공장은 신체 활동을 조율하고, 몸의 기관이 부풀거나 오그라들게 하고, 병을 치료하고, 몸에 기름칠하고, 물질을 분비하고, 약을 주고, 양분을 배달하고, 음식을 소화하고, 균형을 맞추고, 또 병균과 싸우면서 너희가 연못 위의 백조처럼 언제나 건강하고 멋진 모습으로 지낼 수 있게 열심히 일하고 있어.

공장은 필요한 물건을 만드는 곳이야. 이곳 몸속 분비샘 공장에서 만드는 모든 물질도 너희가 건강하게 생활하는 데 꼭 필요해. 하지만 공장이 문제없이 돌아갈 때는 몸속에 이런 공장이 있는 줄도 모를 거야.

자, 그렇다면 너희의 몸에 수백만 개나 되는 이 분비샘들은 무슨 일을 할까? 제각각 모양도 다르고, 저마다 다른 일과 책임을 맡고 있지.

어떤 분비샘은 너무 작아서
눈에 잘 보이지 않아!
땀샘처럼!
어떤 분비샘은
큰 덩어리 모양이야.
간처럼.
어떤 분비샘은 땀, 콧물, 눈물, 젖 등의
분비물을 만들어서 내보내.
전문용어로
외분비샘이라고 합니다.
어떤 분비샘은 우리 몸 전체에
메시지나 신호를 전달해.
전문용어로 내분비샘이라고 합니다.
호르몬이라는 특별한 물질로 메시지를 보내서
몸의 각 부위가 조화롭게 협동할 수 있도록 조율해요.
어떤 분비샘은 분비물을 만들고
메시지를 전달하는 두 가지 일을 다 해.
정말 놀랍지?
지당하신 말씀!
화상
주의!
공장장

왼쪽의 조직도를 보면 알겠지만 이 공장은 아주 거대해. 그래서 아주 많은 부서로 나뉘어져 있어. 공장 전체를 다 구경하려면 몇 주도 넘게 걸릴걸. 그래서 오늘은 몇 군데 부서만 골라서 돌아볼 거야. 난 이 공장의 책임자라서 몹시 바쁘거든. 대신 여기 공장 지도와 안내서가 있으니까 나중에 참고하도록 해. 그럼, 길을 잃지 않게 나를 잘 따라와!

참, 우리 공장은 보안 시스템이 아주 철저해. 공장 안에 들어가려면 반드시 안전복과 보안경을 착용해야 하지. 병균이나 먼지, 오염 물질 같은 몸에 해로운 나쁜 것들이 침입하면 안 되니까. 물론 가끔 이런 철통같은 보안도 뚫고 들어오는 괘씸한 놈들이 있어. 그것들이 몸에 들어오면 속이 메스껍거나, 기침을 하고, 오한을 일으키기도 해. 하지만 감염 탐지팀이 바로 출동해서 잘 처리하니까 걱정하지 않아도 돼.

그럼 지금부터 인체의 경이로운 분비샘 공장 견학을 떠나 볼까?

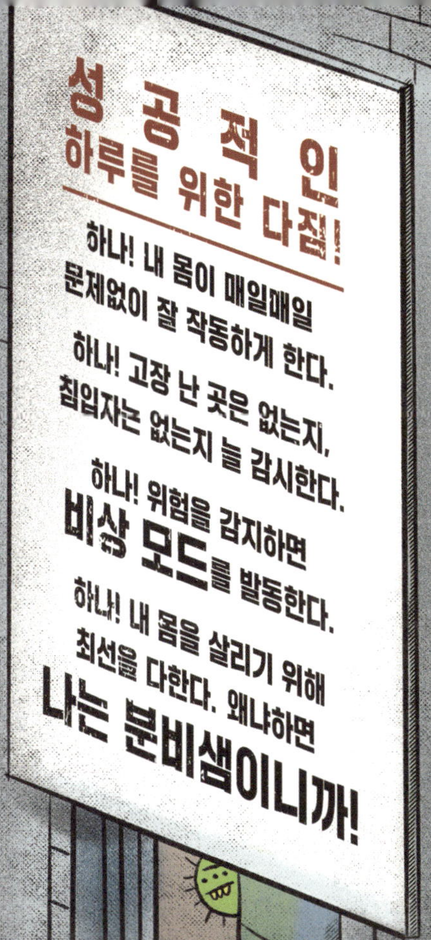

오늘의 공장 견학은 너희도 잘 아는 입속의 기계 장치에서부터 시작할 거야. 아니, 맙소사! 아직 점심 때도 아닌데 벌써 기계가 작동하기 시작했네! 이대로라면 지금 입을 통해 몸속에 들어가는 건 위험하겠어. 저 치아들이 너희를 몽땅 씹어서 삼켜 버릴지도 모르니까. 일단 밖에서 침에 대해 먼저 이야기해 보자.

다들 입속의 기계 장치가 어떻게 음식을 자르고, 찢고, 으스러뜨리는지 잘 알고 있겠지? 기능이 정말 뛰어나다고. 그런데 말이야, 이 기계의 성능을 최고의 상태로 유지하는 게 누구인지 알아? 당연히 우리 분비샘 공장이지! 특히 침샘 말이야.

침샘은 침을 만드는 곳이야. 침은 타액이라고도 해. 그런데 침이 없으면 입속 기계 장치가 망가진다는 사실, 알고 있었어? 바싹 말라 버린 기계는 쓸모없는 고철 덩어리나 마찬가지야. 게다가 그게 끝이 아니야. 침이 나오지 않으면 입은 무서운 유령의 집이 되어 버려. 치아가 갈색으로 변하고, 잇몸이 썩고, 입에 염증이 생기고, 맛봉오리(미뢰)가 쪼그라들고, 입술이 갈라지고, 통증이 가시질 않고, 숨이 막히고, 게다가 지독한 입냄새까지!

무엇보다 침은 너희 몸을 지키는 중요한 방어 물질이야. 인체의 방어 부대에는 침을 비롯한 다양한 물질이 있어. 바깥에서 너희 몸으로 들어가는 입구마다 이 물질들이 잔뜩 깔려 있지. 병균 같은 외부 물질의 침입을 금지하는 인체 보안 시스템의 최전선에서 너희를 지키는 거야.

이 최전방 방어 부대는 외분비샘이 생산을 담당하고 있어. 물론 모든 외분비샘에서 이 방어 물질이 만들어지는 건 아니야. 어떤 외분비샘은 젖, 담즙, 땀같이 다른 용도로 쓰이는 액체를 생산하거든. 하지만 방어를 맡은 샘들은 하루도 쉬지 않고 온종일 너희 몸을 침입자로부터 보호하고 있어.

사람의 입속은 침샘으로 가득해. 대부분은 너무 작아서 눈에 보이지 않지만, 몇몇은 제법 크고 덩어리 모양이야. 그중에서도 가장 큰 것이 귀밑샘이야. 작은 알감자 크기의 분비샘 한 쌍이 귀 바로 앞쪽에 자리 잡고 있단다.

하지만 크기와 상관없이 모든 침샘은 침을 만들어. 음식을 먹을 때는 물론이고, 밤에도 침을 생산하지. 매일 1리터가 넘는 침이 분비된단다. 덕분에 입안은 항상 건강한 보호막으로 젖어 있어.

침은 입안을 촉촉하게 뒤덮어 병균과 싸워. 그리고 침에는 통증을 느끼지 못하게 하는 진통제 같은 성분도 들어 있어. 그것뿐만이 아니야. 침은 치아를 깨끗하게 청소하고, 강한 산성 물질이 치아에 구멍을 내지 못하게 막는 역할도 해. 음식을 잘 씹어서 곤죽처럼 만드는 일을 거들고, 실제로 우리 몸은 침 속의 소화액으로 소화를 시작한단다. 음식을 삼켜서 식도로 보낼 때 목이 메지 않게 해 주는 것도 침이 하는 일이야. 참, 맛봉오리도 침 덕분에 건강하게 제 역할을 할 수 있어. 또 침이 음식 입자를 녹여 주기 때문에 맛봉오리가 맛을 느끼게 되거든. 그러니까 침이 없다면 너희는 음식의 맛도 알 수 없을 거고, 입속에는 나쁜 세균이 가득 차게 될 거야.

우리 몸이 말해요
침샘의 활성화 단계
딱 알맞은 상태
침이 고임
곧 음식을 먹을 예정.
입은 준비 완료.
마름
몸에 수분이 부족한 상태.
물을 마셔요!
침샘 최대 활성화
경고! 구토 경보! 토사물은 산성이 강해서 치아와 잇몸을 상하게 할 수 있음. 침샘에서 침을 잔뜩 분비해 입안을 보호하라.
입이 너무 말라 아무것도 삼킬 수 없음
위험이 닥쳤어! 너무 무서워! 눈앞의 위험에 집중하기 위해 침이 나오지 않고 있음.
우리 몸 분비샘 공장
뒤에서 좀 더 자세히 이야기합시다.
공장장

자, 드디어 콧구멍에 도착했어!

한 번이라도 콧구멍에 손가락을 넣어 본 사람이라면(과연 안 해 본 사람이 있을까?) 이미 이곳에 대한 가장 중요한 사실을 알고 있을 거야. 바로 그 안이 축축하다는 거지. 이곳은 때로 강처럼 콧물이 흐르기도 하고, 때로는 찐득한 것들이 구멍을 막고 있어. 어쨌든 이 동굴의 내부는 항상 조금은 젖어 있어.

콧구멍 속이 좀 젖어 있는 게 뭐 그리 대수냐고? 그건 촉촉한 콧구멍을 너무 얕보는 말인데?!

콧구멍은 우리 몸으로 공기가 들어오는 입구야(단, 입으로 숨을 쉬는 게 아니라면). 너희도 잘 알겠지만 우리 몸에 공기가 들어오고 나가는 것은 생명이 걸린 아주 중요한 문제야.

그런데 사실 공기는 엄청 더러워. 너희 눈에는 잘 안 보이지만, 그 안에는 먼지, 각종 병원균, 꽃가루, 오염 물질 등 온갖 위험한 것들이 들어 있어. 게다가 바깥 공기는 건조하기까지 해. 하지만 인간의 허파는 건조한 공기를 질색하지. 그렇다면 콧구멍은 여기서 어떤 일을 할까? 바로 콧물로 공기를 씻어 내는 일을 해. 너희가 집에 가면 손과 얼굴부터 씻는 것처럼 말이야.

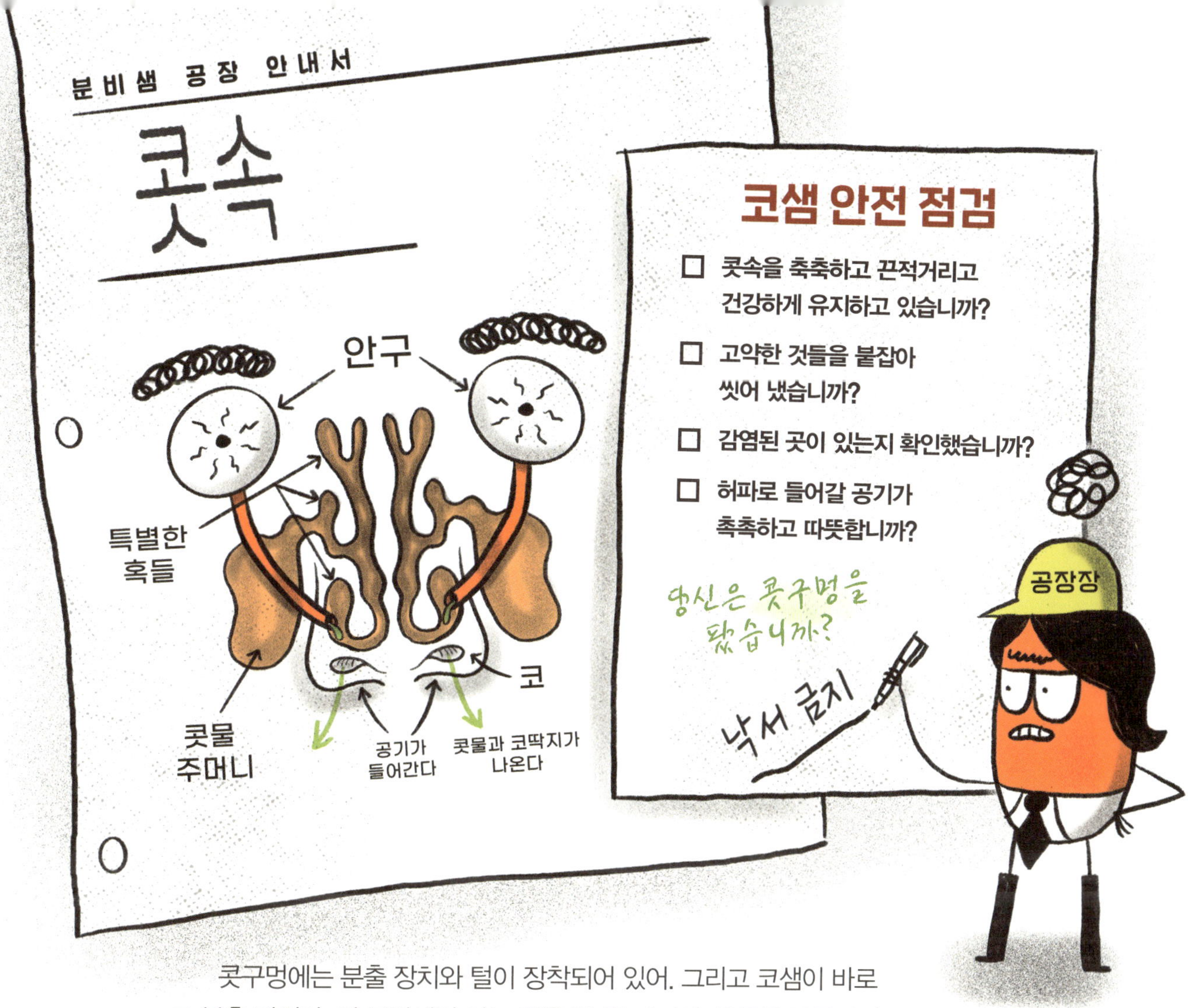

콧구멍에는 분출 장치와 털이 장착되어 있어. 그리고 코샘이 바로 그 분출 장치야. 이 분비샘이 하는 일은 딱 한 가지야. 콧물을 만들어서 내보내는 거지. 코샘은 침샘과 함께 우리 몸을 지키는 또 하나의 방어 부대니까! 콧물 분출 장치에서는 온종일 계속해서 조금씩 콧물이 나와. 정확히 말하면 콧물은 점액이야. 이 점액 덕분에 코털을 비롯한 콧속 전체가 언제나 끈적거리고 축축한 상태를 유지할 수 있어.

코의 안쪽은 너희의 새끼손가락이 들어가는 깊이보다 훨씬 더 길고 복잡하게 이어져 있어. 안쪽으로 특별한 혹과 비좁은 통로가 미로 같은 굴을 이루지. 콧속에는 두 종류의 코털이 있어. 눈에 보이는 큰 털과 눈에 거의 보이지 않는 작은 섬모야. 큰 코털과 섬모, 콧물 분출 장치, 그리고 콧속의 복잡한 구조물이 모두 힘을 합쳐 고약한 침입자를 물리치는 거야. 세상에서 가장 위대하고 과학적인 이 방어 체계를 우리는 콧물 샤워라고 불러!

콧물 샤워의 작동 원리를 살펴보자. 너희가 코로 들이마신 공기는 콧속의 구불구불한 동굴을 따라 빙글빙글 돌면서 지나가. 이렇게 비좁은 통로를 통과하다 보면 공기의 흐름이 느려지면서 허파로 들어가기 전에 따뜻하게 데워지고 습기를 머금게 돼. 이 미로 안에서 콧물 샤워의 마법이 함께 일어나. 큰 코털이 먼지나 꽃가루 같은 큰 입자를 붙잡아 재채기로 내쫓고, 작은 섬모가 병균처럼 아주 작은 침입자를 걸러 내지.

콧속 시스템은 마치 자동차 세차 장치 같아. 단, 비눗물을 묻힌 솔 대신에 콧물이 끈적하게 발라진 코털이 청소를 대신하는 거지만. 털은 해로운 것들을 이 점액으로 감싸서 코 뒤쪽의 목구멍으로 보내고, 그런 다음 너희가 꿀꺽하고 삼키게 돼. 뭐? 이걸 먹는 줄 몰랐다고? 하하, 괜찮아. 식도를 따라 타고 내려간 병균은 위 속의 강한 위산에 닿자마자 모두 죽어 버리니까. 게다가 점액은…… 앗, 잠깐만!

휴! 십년감수했네. 내가 어디까지 얘기했더라? 맞다, 점액. 점액은 아주 고마운 물질이야. 콧구멍부터 허파까지 호흡계 전체를 보호하거든. 만약 코나 허파가 병균에 감염되면 우리는 콧물 분출 장치를 열어서 병균을 콧물에 빠뜨린 다음 몸 바깥으로 내보내.

점액과 방어 부대에 대해서는 몇 시간이고 더 얘기할 수 있지만, 갈 길이 머니까 이쯤에서 다음으로 넘어가자. 다음은, 눈이야!

점액 색깔 코드

우리 몸이 말해요

코드 투명색	코드 하얀색	코드 노란색	코드 초록색	코드 빨간색	코드 갈색	코드 검은색
건강함	**감염 가능성 있음**	**감염과 전투 중** 노란색은 전사한 전투 세포의 색깔임.	**감염이 심해짐** 전투 세포가 상당히 많이 죽고 있음.	**코에서 출혈이 있는 상태** 콧속이 건조하니 크림을 발라 보습할 것.	**피나 더러운 것들이 마른 것** 웩!	**곰팡이 감염이 의심됨** 당장 병원에 가시오.

안구에는 많은 분비샘이 있고 각자 다 멋진 이름을 지니고 있어. 그중에서 가장 재미없는 이름이 눈물샘이야. 당연히 이름대로 눈물을 만드는 샘이지. 다른 분비샘으로는 짜이스샘, 볼프링샘, 크라우제샘, 만쯔샘, 몰샘 등이 있어. 정말이지, 누가 이런 멋진 이름들을 생각해 냈을까?

하지만 이름보다 더 중요한 게 있어. 왜 눈에는 이렇게 다양한 분비샘이 있냐는 거야.

그건 저 분비샘들이 모두 다른 종류의 방어 부대이기 때문이야. 게다가 각 분비샘에서 나온 액체들은 서로 뒤섞이지도 않아. 안구를 여러 겹으로 에워싸면서 각각 별개의 층을 이루어 보호하고 있지. 정말 놀랍지 않아?

안구에 있는 샘의 이름은 대부분 눈을 연구한 과학자의 이름을 따왔어.

다들 알겠지만 몸의 제일 바깥은 피부가 둘러싸고 있어. 피부는 방수가 되고 또 병균이 함부로 뚫고 들어오지 못해. 하지만 눈에는 피부가 없어. 피부가 눈을 덮어 버리면 앞을 보지 못할 테니까 말이야. 그래서 이 두 개의 젖은 눈알 젤리 공은 눈을 깜빡거릴 때나 눈꺼풀을 덮고 잠을 잘 때만 빼고는 언제나 바깥에 노출되어 있어. 그 바람에 먼지와 병균, 꽃가루, 바람, 알레르기 유발 물질, 그리고 건조한 공기가 계속해서 눈을 때려. 그러니까 분비샘은 저 위험한 것들을 모두 막으면서 건강한 안구로 너희에게 이 세상을 보여 주고 있는 거야. 다같이 박수, 짝짝짝!

그렇다면 이 놀라운 보호층을 자세히 들여다볼까?

첫 번째 보호층은 안구의 가장 안쪽에 있는 막인데, 뮤신, 또는 점액소라고 해. 점액의 주요 재료이지. 뮤신은 물질들이 서로 잘 달라붙게 해서 안구가 늘 젖은 상태를 유지하게 돕고, 병균 같은 나쁜 녀석들의 공격을 막아. 다음은 눈물층이야. 눈물은 짠맛이 나는데, 그 안에는 침입자와 싸우는 전투 부대와 영양소가 들어 있어서 눈을 깨끗하고 촉촉하면서도 건강하게 지켜 주지. 마지막으로 가장 바깥층은 기름기 있는 피지와 마이봄으로 이루어졌어.

가장 바깥의 기름층은 아주 중요해. 너희가 눈을 깜빡거리면서 눈꺼풀을 닫을 때마다 마이봄샘에서 기름이 나와. 그리고 다시 눈을 뜰 때 그 기름이 눈알로 퍼져서 눈물이 증발하는 것을 막아 주지.

지금까지 너희 몸이 바깥세상과 만나는 지점들을 탐색했어. 그리고 오염 물질과 병균, 건조함을 막아 주는 최전방 방어 부대의 활약을 살펴봤지. 하지만 인체의 분비샘 공장에서는 다른 중요한 것도 많이 만들어!

지금부터는 몸속으로 더 깊이 들어갈 거야. 내 뒤를 바짝 잘 따라오고 아무거나 함부로 만지지 않기, 약속!

병균 만세

자, 이제 너희 몸속으로 아주 깊숙이 들어왔어. 지금부터 너희가 살아 있는 동안 몸속에서 단 1초도 멈추지 않고 일어나는 놀라운 일들을 보여 줄게. 그럼 먼저 중앙 통제실로 가자.

중앙 통제실

시상하부

드디어 도착했다! 여기는 우리 공장의 핵심 기관인 시상하부야. 중앙 통제실이자 본부이지.

완두콩 크기의 이 작은 구역에서 우리는 기본적인 신체 기능을 감시하고 조절해. 호흡과 심장 박동, 수분과 염분의 양, 배고픔과 체온, 성장과 사춘기까지 말이야. 비상 모드와 수면 모드도 시상하부에서 처음 시작해. 이곳에서는 너희의 몸을 이루는 모든 시스템이 이 생명의 공장 안에서 서로 잘 협동할 수 있게 조절해. 정말 아주아주 중요한 곳이야.

그런데 여기에서는 어떤 분비물이 나오냐고?

잘 들어 봐. 눈물샘이나 코샘과 달리 이곳 시상하부는 외분비샘이 아니야. 바로 내분비샘이야.

견학을 시작하면서 말했듯이 분비샘 공장은 크게 외분비샘과 내분비샘으로 나뉘어. 외분비샘은 앞에서 본 것처럼 콧물, 침, 땀 같은 액체를 만들어서 분비하지. 내분비샘에서는 몸 전체와 다양한 메시지와 신호를 주고받아. 그 덕분에 너희가 살아 있지.

어떻게 메시지가 너희를 살아 있게 하느냐고?

일단, 아래의 시상하부 제어판을 볼까? 너희 몸이 건강하려면 계기판의 화살표가 흰색의 '딱 알맞은' 상태를 항상 가리키고 있어야 해. 과학자들은 인체의 이런 특성을 '항상성'이라고 불러. '주위에 어떤 변화와 혼란이 일어나도 인체의 모든 신체 시스템이 안정된 상태를 유지하게 한다'는 뜻이야.

몸이 늘 안정된 상태를 유지하려면 시상하부는 몸에서 일어나는 모든 일을 알고 있어야 해. 피부가 너무 뜨거워지는 것은 아닌가? 바깥에 해가 져서 어두워지고 있는가? 아까 먹은 도넛이 얼마나 빨리 소화되고 있는가? 혈액에는 염분과 당분이 얼마나 들어 있는가? 주변에 무서운 것이 있는가? 심장이 너무 빨리 뛰는가, 아니면 너무 천천히 뛰는가? 발목이 붓고 있는가? 소변은 무슨 색인가? 이번 달에는 키가 충분히 컸는가? 시상하부는 이 많은 정보를 다 알고 있어야 하지.

시상하부는 뇌 깊숙이 들어 있는데 어떻게 이런 것을 다 알 수 있을까?

그게 바로 메시지 덕분이야! 시상하부는 몸의 부위가 각각의 현재 상태에 대해 보내는 정보를 시시각각 받고 있어. 그래서 어디든 '딱 알맞은' 상태에서 조금이라도 벗어나면 바로 알 수 있어. 그러면 원래대로 되돌릴 수 있게 시상하부가 명령을 내리는 거야.

아까도 말했지만 계기판의 모든 화살표는 항상 흰색 구역을 가리키고 있어야 해. 항상성은 생명의 가장 큰 특징이야. 그리고 항상성을 유지해서 너희를 살아 있게 하는 게 우리 분비샘 공장이 하는 유일한 업무이자 목표야. 예를 들면, 몸속의 수분량을 조절하는 시스템에 작은 문제가 생기면 연쇄적으로 공장의 모든 시스템이 망가질 수 있기 때문에, 몸의 각 부위를 하나라도 소홀히 해서는 안 돼.

좀 복잡하지? 인체가 원래 이렇게 복잡하단다.

그럼 체온 조절을 예로 들어 간단하게 설명해 볼게.

내분비샘
참견쟁이
성가신
~~내분비샘~~은 샘, 기관, 조직이 이루는 ~~경이로운~~ 연결망의 일부이다. 이 연결망은 우리 몸에서 중요한 시스템들을 감독하고, 안정시키고, 조율한다. 소화, 혈액 순환, 성장, 수면, 에너지, 체온, 신진대사, 생식, 그리고 상처, 스트레스, 질병, 병균에 대한 몸의 반응이 모두 내분비샘에 달려 있다.
병균이 최고야!!
공장장
우리가 너희 몸을 모두 통제한다고 말했던 거 기억나지?
도대체 누가 저런 낙서를 하는 걸까요? 병균은 절대 최고가 아닌데!

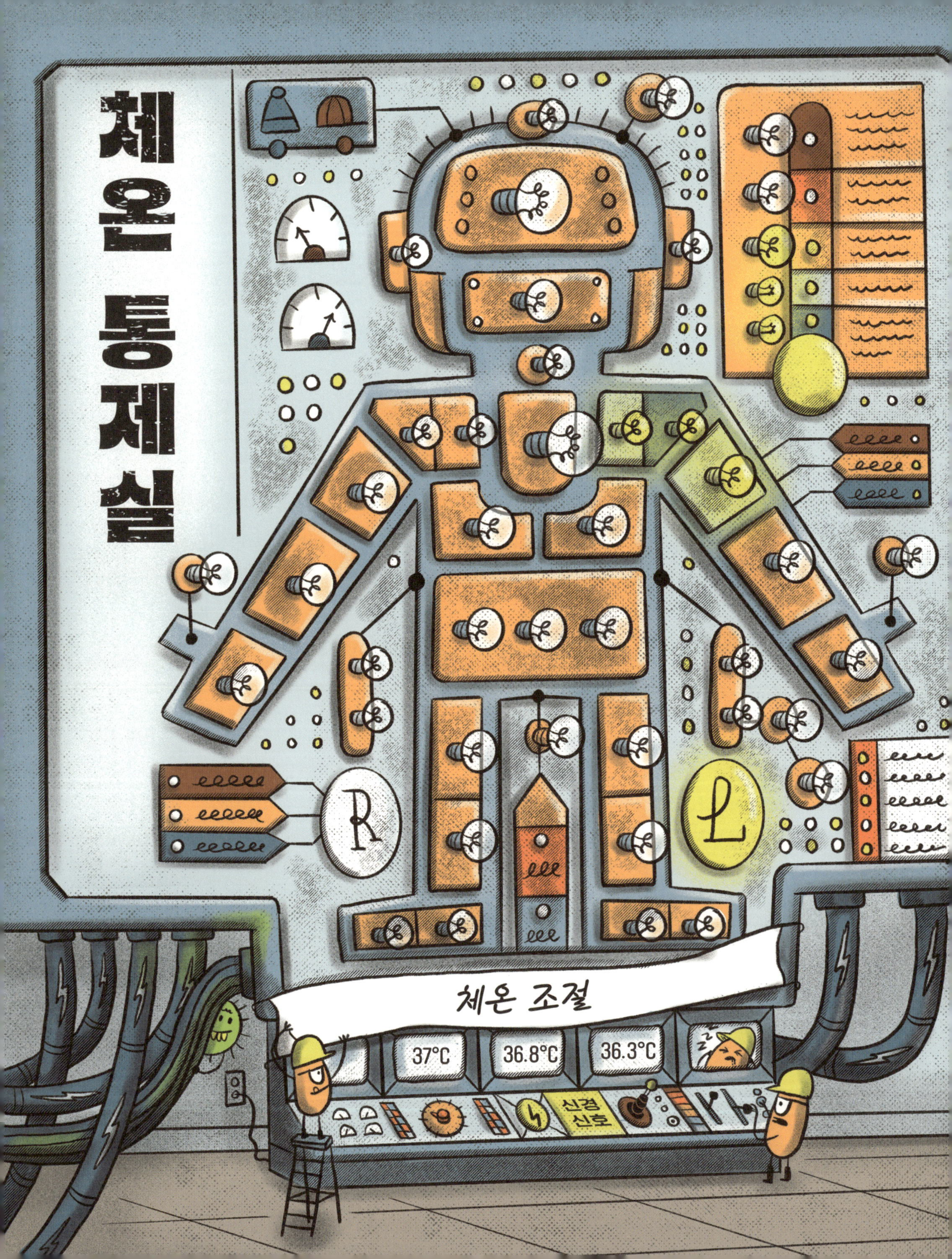
체온 통제실
R
L
체온 조절
37°C
36.8°C
36.3°C
신경 신호

왼쪽은 체온 조절을 위한 제어판이야. 몸 전체에 설치된 체온 감지기가 저 제어판에 연결되어 있어. 심지어 피의 온도까지 감시하지. 인체는 체온이 섭씨 36~37.5도 정도에서 유지되는 것을 가장 좋아해. 체온이 그보다 조금이라도 높거나 낮아지면 다시 '딱 알맞은 상태'로 돌아가기 위해 일을 해야 해. 그걸 체온 조절이라고 하는 거야.

체온이 떨어지면 중앙 통제실은 체온 올리기 기능을 시작해. 메시지를 보내서 근육이 떨게 하고(그러면 열이 나거든), 손이나 발, 피부 표면처럼 몸의 바깥쪽에 있는 혈관을 수축시키지(되도록 피를 몸 안쪽에 두어 그 열기가 몸 밖으로 빠져나가지 못하게 하는 거야).

반대로 날씨가 더우면 감지기가 몸이 뜨겁다는 신호를 보내. 그럼 중앙 통제실은 체온 내리기 기능을 작동시켜. 피부의 땀샘에게 땀을 많이 내보내 몸을 식히라는 명령을 내리지. 땀샘은 외분비샘인데 몸에 300만 개나 있거든.

그렇다면 이런 명령을 어떻게 보낼까? 바로 메시지야! 인간의 몸에는 메시지를 전달하는 두 종류의 체계가 있어.

우리 몸이 말해요

체온 조절

더울 때의 반응
땀이 나고 손과 발이 붓는다. 얼굴이 벌게진다.

체내의 열기를 최대한 내보내기
피부 근처의 혈관이 팽창한다. 그러면 혈액이 피부 쪽으로 많이 흘러서 열기를 피부 밖으로 쉽게 내보낼 수 있다.

열기 식히기
땀이 증발하면서 몸의 열기를 가져간다.

추울 때의 반응
입술이 창백해진다. 치아를 빠르게 부딪치며 온몸을 떤다.

체내의 열기를 최대한 보호하기
피부 근처의 혈관을 수축해 따뜻한 혈액을 몸의 안쪽에 몰아넣는다. 심장, 허파, 뇌의 온도를 지키는 것이 발가락을 따뜻하게 하는 것보다 더 중요하니까.

열기 내기
근육을 수축했다가 이완하기를 빠르게 반복한다(몸이 덜덜 떨린다).

메시지 전달 시스템

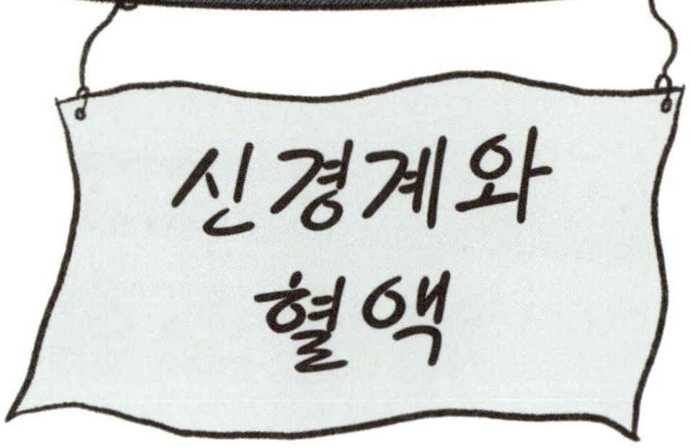

신경계와 혈액

신호와 메시지를 전달하는 첫 번째 방법은 바로 신경이야. 신경계는 온몸 어디로든 쏜살같이 신호를 전달하는 연결망이야. 전기 케이블처럼 몸의 모든 부분을 뇌와 연결하지. 두 번째 방법은 혈액이야. 혈액이 흐르는 길인 혈관도 온몸 구석구석에 퍼져 있어. 심장은 혈액을 펌프질해서 혈관을 통해 몸 전체에 좋은 영양분을 배달하고 나쁜 성분을 제거하지. 그리고 우리는 그 혈액을 이용해서 메시지도 전달하는 거야.

이 두 전달 방식은 비슷해 보이지만 완전히 달라.

신경은 전기를 통해 번개 같은 속도로 곧바로 필요한 곳에 직접 신호를 전해. 앞에서 체온을 조절할 때 시상하부가 혈관과 땀샘에 보낸 메시지, 기억나? 그게 바로 신경을 통해 전달된 거야.

혈액은 전혀 다른 방식으로 일해. 메시지를 필요한 곳에 직접 보내지 않고 속도가 빠르지도 않아. 게다가 혈액은 신경과 달리 메시지 말고도 적혈구, 백혈구, 영양소, 산소, 이산화탄소, 염분, 단백질 등 많은 것을 함께 운반해.

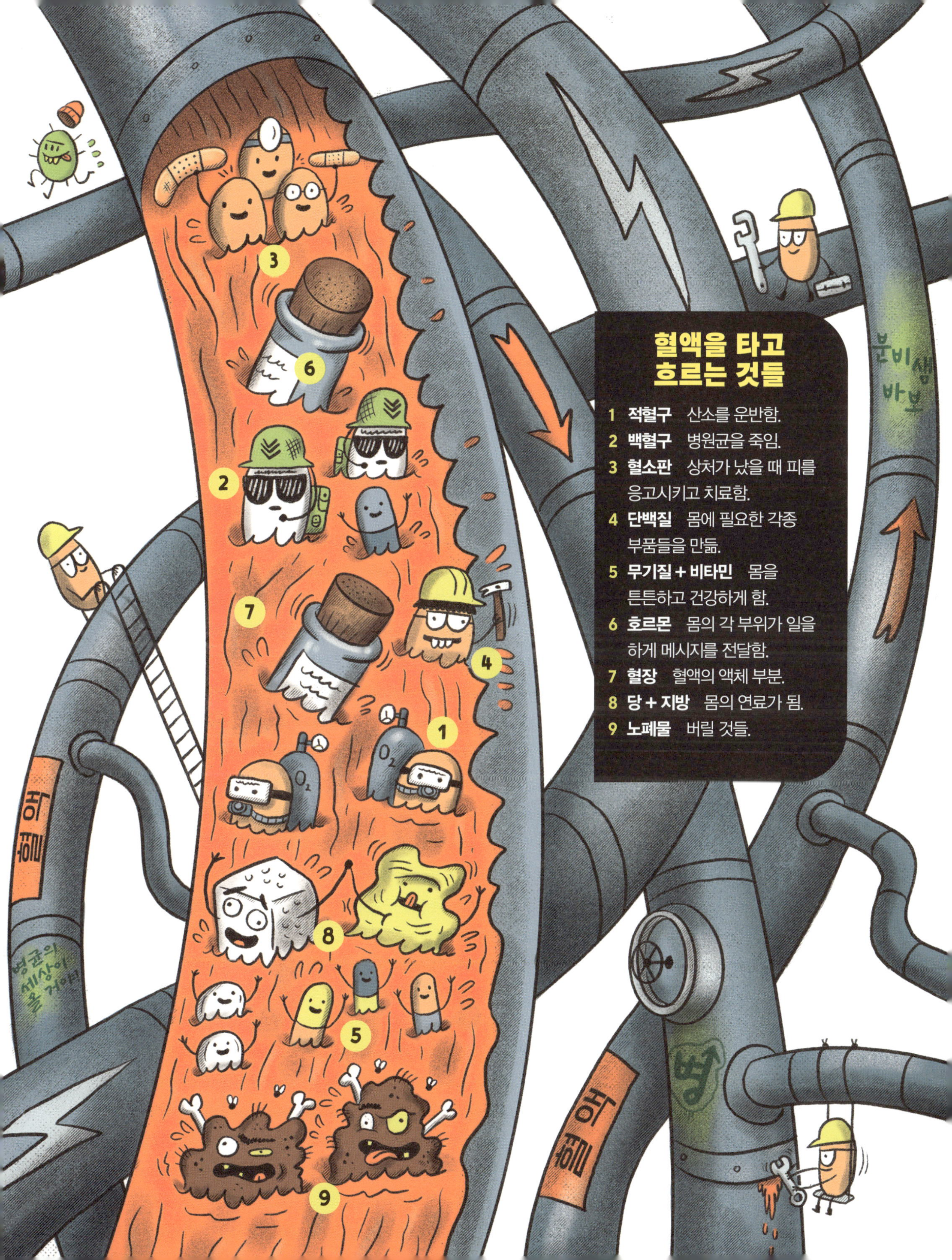

혈액을 타고 흐르는 것들

1 **적혈구** 산소를 운반함.
2 **백혈구** 병원균을 죽임.
3 **혈소판** 상처가 났을 때 피를 응고시키고 치료함.
4 **단백질** 몸에 필요한 각종 부품들을 만듦.
5 **무기질 + 비타민** 몸을 튼튼하고 건강하게 함.
6 **호르몬** 몸의 각 부위가 일을 하게 메시지를 전달함.
7 **혈장** 혈액의 액체 부분.
8 **당 + 지방** 몸의 연료가 됨.
9 **노폐물** 버릴 것들.

그럼 혈액이 어떻게 메시지를 전달하는지 살펴볼까? 몸의 어떤 부위와 소통해야 할 때 내분비샘은 혈관으로 메시지를 흘려 보내.

그리고 기다리지.

혈관을 타고 여러 잡다한(사실은 중요한) 것들과 함께 흘러가던 메시지가 목적지 옆을 지나가게 되면 그곳에서 이 메시지를 받아 읽고 명령에 따라 일을 해. 이런 전달 방식은 직접적이지도 않고 즉각적이지도 않지만, 신경이 번개처럼 전달하는 신호보다 몸에 더 넓게 퍼지고 오래 지속되는 특징이 있어.

그렇다면 혈관을 따라 이동하는 이 메시지는 어떤 모습일까? 그게 바로 호르몬이야. '호르몬'이라고 하면 사람들은 사춘기 아이의 얼굴에 여드름이 나게 하고, 사람의 기분이 제멋대로 변하게 하는 물질로 생각하곤 해. 하지만 호르몬은 이것 말고도 훨씬 더 많은 일을 해!

호르몬은 심장 박동을 조절하고, 잠이 오게 하고, 양팔의 길이까지 비슷하게 맞춰 줘. 목이 마른지, 배가 고픈지, 몸에 털이 얼마나 자라는지, 기운이 나는지, 힘이 빠지는지, 속이 메스꺼운지, 키가 얼마나 크는지, 변비가 있는지, 체내에 염분이 얼마나 되는지, 근육이 얼마나 발달했는지, 뼈가 얼마나 튼튼한지까지도 통제하지. 모두 다 호르몬이 관리하고 있어. 그런데도 사람들은 '호르몬' 하면 성호르몬부터 떠올리니 참 이상하지.

여기서 질문 한 가지! 호르몬은 혈관을 따라 사람의 몸을 이루는 30조 개나 되는 세포를 모두 지나가는데 어떻게 올바른 주소에 도달할 수 있을까? 궁금하지 않아?

혈관을 타고 아주 많은 종류의 호르몬이 함께 흘러가는데도 모두 필요한 곳에 제대로 잘 전달되는 이유가 있어. 지금부터 그 기발한 방법을 보여 줄게. 같이 계단 아래로 내려가 보자.

호르몬이 하는 일이 없다고요?
우리는
여드름과 감정 변화 말고도
꽤 많은 일을 합니다.
H
우리는 아래의 일들을 모두 다루고 있어요!
졸리다 • 배고프다 • 행복하다 • 목이 마르다 • 땀이 난다 • 지루하다
• 당황스럽다 • 털이 많다 • 뼈가 자란다 • 다리가 길다 • 우울하다
• 염분이 많다 • 퉁명스럽다 • 속이 쓰리다 • 피곤하다
• 화가 난다 • 신이 난다
르몬 창고는
공장장
위쪽으로
시상하부는
이 여드름쟁이들!!!

호르몬 창고 뇌하수체

서관 전엽

여기가 바로 호르몬 창고인 뇌하수체의 서관이야. 공식적으로는 뇌하수체 전엽이라고 불러. 이곳에 저장된 저 많은 호르몬들 좀 봐! 모두 저마다 특별한 신체 부위에 전달되기를 기다리는 메시지들이야. 각각의 메시지는 그 메시지를 받은 신체 부위가 해야 할 일을 알려 줘. 하지만 중앙 통제실에서 명령이 내려오기 전에는 어느 메시지도 이곳을 떠날 수 없어.

시상하부가 너희 몸에 문제가 생겼다는 것을 알게 되면 우리에게 저 호르몬들 중 하나를 내보내라고 명령해. 그런데 시상하부가 보내는 메시지는 아주 많아서, 그만큼 이곳에서 내보내야 할 호르몬도 엄청 많아. 하지만 실수는 금물이야. 위험이 닥쳤을 때 팔을 자라게 하는 호르몬을 보내면 어떻게 되겠어? 그럼 정말 끔찍한 일이 벌어지겠지. 하지만 다행히 그런 일은 잘 일어나지 않아. 모두 신통방통한 호르몬 해독기 덕분이야.

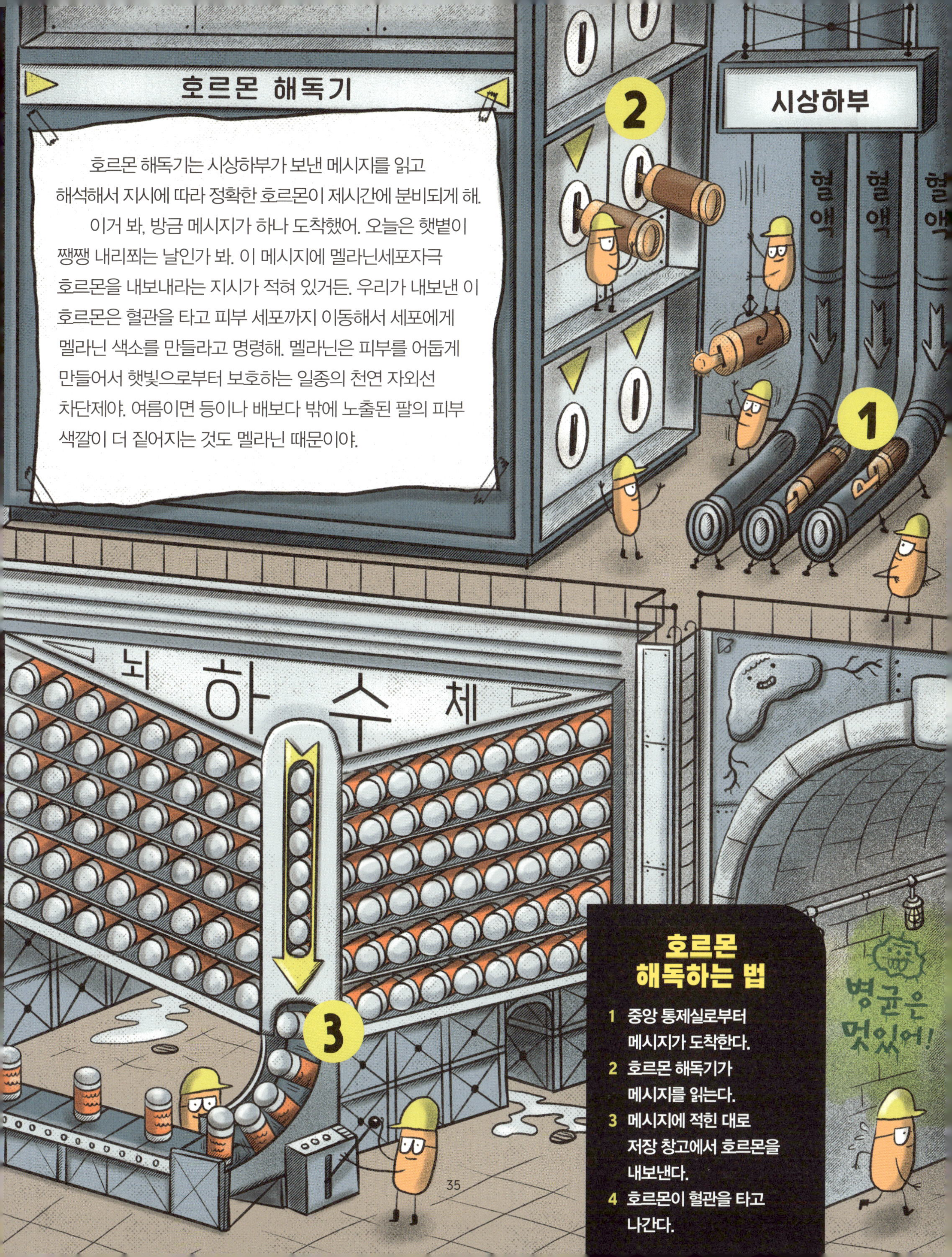

호르몬 해독기

호르몬 해독기는 시상하부가 보낸 메시지를 읽고 해석해서 지시에 따라 정확한 호르몬이 제시간에 분비되게 해.

이거 봐, 방금 메시지가 하나 도착했어. 오늘은 햇볕이 쨍쨍 내리쬐는 날인가 봐. 이 메시지에 멜라닌세포자극 호르몬을 내보내라는 지시가 적혀 있거든. 우리가 내보낸 이 호르몬은 혈관을 타고 피부 세포까지 이동해서 세포에게 멜라닌 색소를 만들라고 명령해. 멜라닌은 피부를 어둡게 만들어서 햇빛으로부터 보호하는 일종의 천연 자외선 차단제야. 여름이면 등이나 배보다 밖에 노출된 팔의 피부 색깔이 더 짙어지는 것도 멜라닌 때문이야.

호르몬 해독하는 법

1 중앙 통제실로부터 메시지가 도착한다.
2 호르몬 해독기가 메시지를 읽는다.
3 메시지에 적힌 대로 저장 창고에서 호르몬을 내보낸다.
4 호르몬이 혈관을 타고 나간다.

황체형성호르몬 (LH)
병균이여, 이곳을 지배하라
난폭한 호르몬이겠지!
난포자극호르몬 (FSH)
혹시 당신이 낙서한 건 아니겠죠?
전 바빠서 낙서할 시간도 없습니다.
갑상샘자극호르몬 (TSH)
공장장
TSH 병균이 최고야
명칭 갑상샘자극호르몬
대상 갑상샘
우우! 감각류 호르몬!!!

뇌하수체 전엽에는 아주 중요한 호르몬이 많이 저장되어 있어. 황체형성호르몬*과 난포자극호르몬**의 예를 들어 볼게. 중앙 통제실의 명령을 받아서 우리가 저 호르몬들을 내보내면, 이 호르몬들은 또 다른 내분비샘인 정소와 난소로 이동해.

메시지를 받은 정소나 난소는 다시 혈관으로 테스토스테론이나 에스트로겐, 또는 프로게스테론 호르몬을 더 내보내기 시작해. 유명한 성호르몬이라 다들 이름은 들어 봤을 거야. 그럼 이 호르몬들은 혈류를 타고 몸속을 돌면서 여러 가지 일을 처리하지. 사춘기, 배란과 생리 주기, 태아의 발달을 통제할 뿐 아니라, 머리카락을 포함한 몸의 털, 근육, 뼈가 자라는 일도 담당해. 심장과 혈관의 건강도 지키고. 정말 대단하지 않아?

내가 특별히 좋아하는 호르몬을 한 가지 더 소개할게. 이 호르몬도 아주 중요해. 바로 갑상샘자극호르몬이야. 이름을 보면 이 호르몬이 어디로 갈지 짐작할 수 있겠지? 맞아, 바로 갑상샘이야. 갑상샘은 목에 있는 나비 모양의 내분비샘이야.

갑상샘자극호르몬은 갑상샘에게 T3와 T4라는 호르몬을 분비하도록 지시해. 갑상샘이 분비한 T3와 T4는 온몸을 돌면서 세포가 에너지를 얼마나 빨리 만들어야 하는지를 알려 줘.

몸속에 T3와 T4가 많을수록 세포는 산소와 영양소를 에너지로 바꾸는 일을 더 빨리 하게 돼. 다른 말로 하면 우리 몸의 대사 속도가 더 빨라지는 거야. 그래서 이 호르몬이 과하게 분비되면 몸의 기능이 너무 빠르게 돌아가고, 너무 적게 분비되면 기운이 없고 피곤하고 몸이 느려져. 결국 갑상샘은 너희 몸이 얼마나 열심히 일하는지를 조절하는 곳인 거지. 왜 아주 중요한 호르몬이라고 했는지 이제 알겠지?

*** 여성의 배란과 황체 형성을 돕고, 남성 호르몬 분비를 돕는 생식샘 자극 호르몬.**

**** 여성의 난포가 성숙할 수 있도록 돕는 생식샘 자극 호르몬.**

아까 던진 질문에 마저 답해야겠지? 호르몬이 운반하는 저 많은 메시지들이 과연 어떻게 목적지를 알고 찾아가는 걸까? 만약 피부 세포가 메시지를 잘못 받아서 멜라닌 색소를 만드는 대신 털이 자라게 하면 큰일나지 않겠어?

이때 너희 몸은 아주 간단하면서도 기발한 방법을 사용해. 바로 '자물쇠와 열쇠의 원리'야. 모든 호르몬에는 각각 한 종류의 자물쇠만 열 수 있는 열쇠가 달려 있어. 예를 들어 갑상샘자극호르몬에는 TH 모양의 열쇠가 있고, 멜라닌세포자극호르몬에는 태양 모양의 열쇠가 있다고 해 보자.

그런데 갑상샘에만 이 TH 모양의 열쇠로 열리는 자물쇠가 있고, 멜라닌을 생산하는 피부 세포에만 태양 모양의 열쇠로 열리는 자물쇠가 있는 거지. 이 자물쇠를 바로 호르몬 수용기라고 불러. 그래서 호르몬들이 아무리 많은 세포를 지나가더라도 그 호르몬에 맞는 수용기를 가진 세포에게만 메시지가 정확히 가닿을 수 있는 거야.

분비샘 공장 안내서

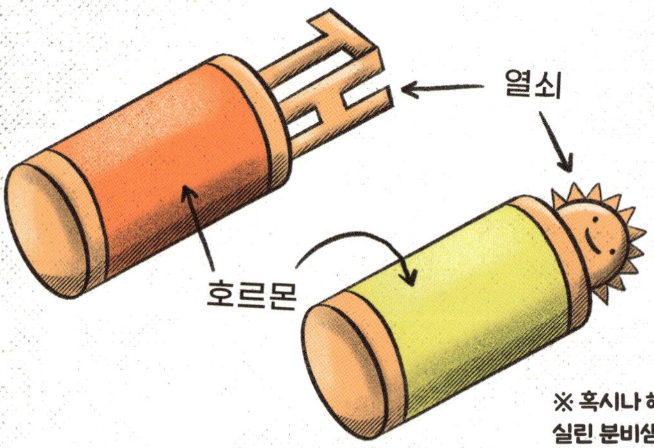

※ 혹시나 해서 말하는데, 이 책에 실린 분비샘, 분비물, 호르몬 그림은 모두 실제 모양이 아니야. 모든 호르몬에는 열쇠가 있지만, 실제로 호르몬의 열쇠는 옆의 그림처럼 글자나 기호 모양이 아니라 화학 물질이야.

중앙 통제실, 응답하라.
모든 시스템에 이상 없는가?
인터폰
건강함
부족함
너무 많음
수분량
건강함
너무 낮음
너무 높음
체온
건강함
사망 추정
폭발 직전
혈압
병균 최고
건강함
수비군 발동 필요
병원체 경보
인터폰
공장장님, 수분량에
문제가 생겼습니다.
공장장
체온이 너무 높고,
수분은 부족합니다.
인터폰
동관으로 가시죠!
당장 수분을 공급하라!
공장장

오늘은 날씨가 아주 더운 날이야. 그래서 너희의 몸은 열을 식히려고 열심히 땀을 흘리고 있어. 하지만 땀으로 빠져나간 만큼 몸속의 수분이 줄어들었어.

너희도 잘 알겠지만 물은 생물에게 너무너무 중요한 물질이야. 너희 몸은 60퍼센트가 넘게 물로 이루어져 있어. 혈액, 땀, 눈물은 말할 것도 없고, 심장, 뇌, 허파도 대부분 물로 이루어졌어. 심지어 뼈도 약 30퍼센트는 물로 구성되어 있어.

인체의 어느 한 시스템이 '딱 알맞은' 상태에서 크게 벗어나면 다른 시스템까지 연달아서 문제가 발생해. 몸에 수분이 부족하면 혈액에 물이 적어지게 되고, 그럼 혈액량이 줄어들고 혈압이 낮아지거든. 그런데 혈압이 낮다는 것은 산소와 영양소를 세포로 제때 보낼 수 없다는 뜻이야. 한 번 더 강조할게. 인간의 몸속에서는 모든 것이 서로 연결되어 있어. 몸 공장의 어느 한 부분도 혼자서 일하지 못한단다.

그럼 빨리 물을 마셔야겠지? 이미 시상하부는 뇌에 갈증 신호를 전달했고, 그래서 목이 마른 거야. 한 가지 더, 이때 시상하부는 W자 모양의 열쇠가 달린 항이뇨호르몬을 이곳 뇌하수체 동관으로 내보냈어. 이뇨란 오줌이 잘 나오게 하는 것을 말하는데, 이뇨 작용이 일어나면 몸속에서 수분이 빠져 나가지. 반대로 항이뇨는 몸속의 수분을 아끼려고 오줌을 만들지 않는 거야.

뇌하수체의 동관, 즉 뇌하수체 후엽은 서관과는 다른 일을 해. 여기에서는 호르몬을 저장하고 있다가 내보내지 않아. 대신 중앙 통제실인 시상하부에서 신경을 통해 전달받은 호르몬을 내보내지. "그림 왜 시상하부는 자기가 보내고 싶은 호르몬을 혈관으로 직접 내보내지 않고 뇌하수체 후엽을 거치는 걸까?"라는 질문은 하지 말아 줘. 가끔씩 너희 몸은 도무지 이해할 수 없는 방식으로 일을 하곤 하니까. 뇌하수체 후엽에서는 그저 호르몬을 받아다가 혈관으로 내보내면 돼.

자, 이제 콩팥으로 가서 항이뇨호르몬의 작용을 자세히 살펴보자.

오줌이 나오지 않게 하는 호르몬

항이뇨호르몬

차근차근 설명할 테니 잘 들어 봐. 콩팥은 강낭콩처럼 생긴 기관이야. 너희 몸에는 콩팥이 두 개씩 있지.

콩팥에는 네프론이라고 하는 미세한 거름망이 들어 있는데, 콩팥 하나에 네프론이 100만 개씩 있어. 그러니까 한 사람의 몸에는 총 200만 개의 네프론이 있겠지. 네프론은 찌꺼기를 걸러 내서 혈액을 깨끗하게 하고 혈액의 수분, 염분, 여러 무기질의 균형을 적절하게 맞추는 일을 해. 게다가 네프론은 한시도 쉬지 않거든. 몸속의 모든 피가 5분마다 한 번씩 계속해서 걸러지고, 또 걸러지는 거야. 정말 대단하지?

그럼 항이뇨호르몬이 하는 일은 뭘까?

자, 온몸을 돌고 더러워진 피가 콩팥으로 들어가. 그런 다음 네프론 속 공 모양으로 뒤엉킨 모세혈관을 거치면서 핏속의 노폐물이 걸러져. 노폐물과 남는 물은 소변으로 빠져나가고 성분의 균형이 맞춰진 혈액만 다시 돌아가서 온몸을 순환해.

이때 항이뇨호르몬이 와서 소변 생산 금지 명령을 내리면 원래 몸 밖으로 내보내려던 물을 다시 혈액으로 돌려보내게 되지. 물론 완벽하게 깨끗한 물이니까 걱정하지는 않아도 돼. 이렇게 물을 재활용한 덕분에 몸속에 수분이 부족한 상황에서도 혈압을 최대한 정상으로 유지할 수 있게 돼.

날씨가 덥거나 목이 마를 때 몸이 이렇게 잠깐 물을 재활용하는 것에는 아무런 문제가 없어. 단, 소변의 색깔은 짙어지지. 걸러진 노폐물의 양은 일정한데 물의 양이 적어서 노폐물이 덜 희석되었기 때문이야. 소변의 색깔이 짙은 건 몸이 너희에게 물을 마시라고 말하는 것과 같아. 밤에는 보통 물을 마시지 않으니까 아침에 일어나서 맨 처음 보는 소변의 색깔이 가장 짙어. 그건 너희가 자다가 오줌을 싸지 않게 하려고 밤에 너희 몸이 항이뇨호르몬을 추가로 만들었기 때문이야. 진짜 똑똑하지 않아?

우리 몸이 말해요

P 검사

소변의 색깔

투명 물을 너무 많이 마시고 있습니다.

연한 노란색 몸속 수분량이 딱 적당합니다.

형광 노란색 어떤 비타민은 오줌을 형광 노란색으로 만듭니다.

보통 노란색 가서 물을 한 컵 마시고 오세요.

진한 노란색 가서 물을 두 컵 마시고 오세요.

붉은색 어제 비트를 먹었나요? 그렇지 않으면 소변에 피가 섞인 걸 수도 있습니다. 병원에 가세요.

경보!
왼쪽
눈
으르렁
호랑이 감지
4
3초 후 모든 부서가
비상 모드에
들어간다.
딸깍
무슨 일이야?
눈이 호랑이를
포착했습니다.
비상 버튼
비상벨
호흡
혈당
신진대사
병원체 경보
비상 모드
발동!
비상 모드
발동!
모든 직원은
제자리로!
으르렁
공장장
귀가
으르렁 소리를
포착했습니다.
진짜 호랑인가?
공장장
즉 시
발 동!

비상 모드

걱정하지 않아도 돼. 즉시 발동 모드는 순식간에 발동되니까. 금방 호랑이한테서 도망칠 수 있을 거야. 사실, 공포심을 일으키는 것은 시상하부가 가장 잘하는 일 중 하나야. 시상하부가 자율신경계의 통제를 받는다고 내가 말했던가? 기억이 안 나네. 아무튼 자율신경계는 심장 박동이나 호흡처럼 너희의 의지와 상관없이 자동으로 일어나는 모든 과정을 조절해. 그리고 여기에는 비상 모드와 평상 모드, 두 가지 모드가 있어. 시상하부는 이 두 모드 사이를 번개처럼 빠른 속도로 오갈 수 있지.

호랑이를 보고, 호랑이의 소리를 들은 순간, 시상하부는 이미 신경계 전체에 신호를 보내서 비상 모드를 활성화시켰어. 심장이 더 빨리 뛰고 허파가 부풀었지. 그 말은 몸속에 더 많은 산소가 돌고 있다는 뜻이야. 간은 에너지원인 포도당을 혈액으로 더 많이 내보내서, 세포가 에너지를 더 많이 생산할 수 있게 했어. 앞이 더 잘 보이게 하려고 동공은 확장되었고, 언제든지 빨리 도망칠 수 있게 소화는 멈추고, 근육에는 더 많은 혈액이 보내졌지.

눈
축소
호랑이 좀 보여 줘 봐!
어느 쪽으로
도망쳐야 하지?
왼쪽
눈
으르렁! 으르렁!
호랑이
아이스크림
축소
이럴 수가?! 저건 '호랑이
아이스크림' 트럭이잖아!
앗, 그러네요.

공장장
아이스크림 트럭이
가까워지는군.
쩝쩝.

자율신경계

자율신경계는 심장 박동, 소화, 호흡처럼 무의식적인 과정을 조절하는 신경망이야. 크게 교감신경계와 부교감신경계로 나뉘는데, 교감신경계는 비상 모드를 통제해서 위협이 닥치면 싸우든 도망치든 몸이 즉각적으로 반응하게 준비해. 반면, 부교감신경계는 평상 모드를 조절해서 몸을 쉬게 하거나 소화를 하는 등 긴장을 풀고 생명 유지에 필요한 일을 처리해.

비상 모드는 생존에 아주 중요해. 특히 아주 옛날, 먼 인류의 조상이 검치호랑이나 동굴곰 같은 대형 포식동물과 함께 살던 시절에는 더 중요했단 말이지. 위협적인 환경에서 발동되는 비상 모드에는 즉시 발동 모드, 연속 발동 모드, 만성 발동 모드, 크게 세 가지가 있어.

즉시 발동 모드는 아까 '호랑이'를 감지했을 때 너희들이 본 상황이야. 감각 기관이 큰 폭발음이나 유독한 연기처럼 위험한 상황을 감지하고 신호를 보내면, 시상하부가 즉시 신경계를 통해 비상 모드를 발동해서 신체의 각 기관과 부위가 위험에 대처하게 하지.

그런데 오른쪽 그림에서 비상 모드 계기판을 보면, 부신 작동 스위치라는 게 있어. 부신은 내분비샘의 일종인데, 비상 모드에서 부신은 아드레날린이라는 호르몬을 분비해서 몸이 계속해서 비상 모드를 유지하게 해. 신경을 통해 전달된 즉시 발동 신호는 금방 사라지지만, 부신이 혈액을 통해 보낸 아드레날린은 이 호르몬이 완전히 없어질 때까지 혈관을 타고 돌아다니면서 계속 영향을 주거든. 이게 연속 발동 모드야.

마지막으로 만성 발동 모드는 다른 종류의 비상 모드야. 스트레스를 받으면 시상하부가 뇌하수체에 비상 명령을 내리고, 뇌하수체는 다시 부신한테 명령을 내려서 코르티솔*이라는 스트레스 호르몬을 분비하게 해. 그러면 코르티솔이 온몸에 퍼져서 위기 상황에 대응하게 하지. 과학자들은 이걸 '시상하부–뇌하수체–부신의 축'이라고 불러. 나는 스트레스 때문에 파멸의 축이라고 부르지만 말이야.

* 외부의 자극에 맞서는 호르몬이야. 뒤에서 더 자세히 살펴보자!

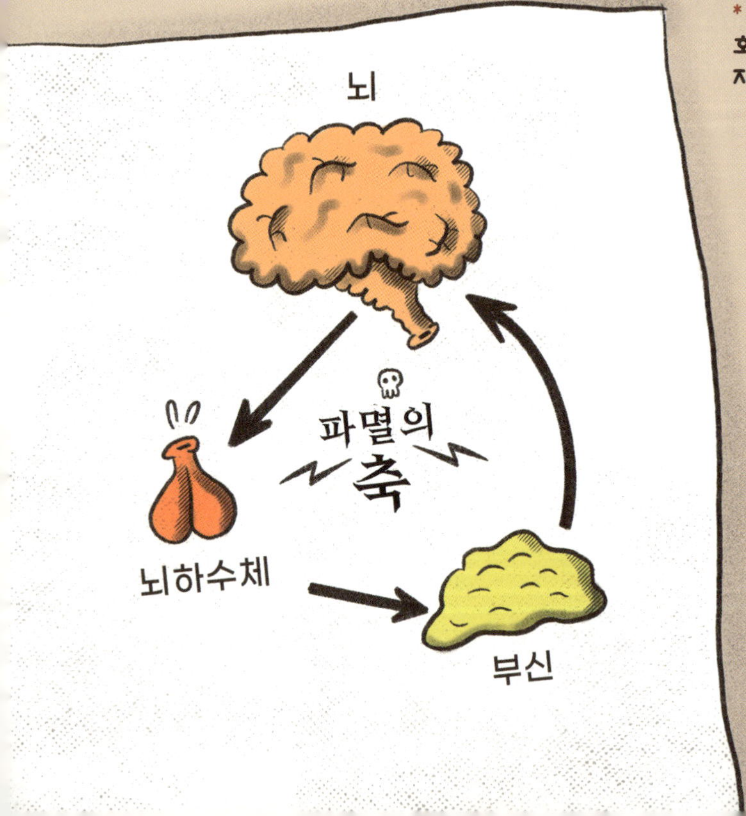

비상 모드
동공
활짝 열림
안정 상태
심장
빨라짐
안정 상태
허파
빨라짐
안정 상태
소화계
정지
안정 상태
침샘
정지
안정 상태
간
에너지 활성화
안정 상태
방광
오줌
쥐어짬
안정 상태
부신
으악!
공포심 강화
안정 상태
자율신경계
파멸의 축
혈액 01
혈액 02
혈액 03
혈액 04
앗, 알겠습니다!
네, 알겠습니다.
호르몬 분비
호르몬 분비
호르몬 분비
혈액
혈액
혈액

코르티솔에 대해 조금 더 설명할게. 원래 코르티솔은 너희 몸속에서 항상 돌아다니고 있어. 아침에는 코르티솔 수치가 높아서 잠에서 깨어 하루를 활기차게 시작하게 돼. 반대로 밤에는 코르티솔 수치가 낮아져서 휴식을 취할 준비를 하게 되지. 인체의 거의 모든 세포에는 코르티솔 수용기가 있어. 따라서 코르티솔은 인체 대부분의 시스템에 영향을 줘. 하지만 아주아주 위급한 상황에서 몸이 추가로 코르티솔을 잔뜩 분비하면 당장 생존에 필요하지 않은 시스템은 기능을 닫아 버리고 말아.

예를 들면 감염을 탐지하고 싸우는 면역계가 있어. 면역계는 생존에 아주 중요한 시스템이고, 에너지를 많이 사용하거든. 하지만 목숨을 건지려고 꽁지가 빠지게 달아나야 하는 상황에서 콧물 좀 흐르는 게 무슨 대수겠어? 성호르몬도 마찬가지야. 호랑이한테서 도망칠 때는 성호르몬이 필요하지 않지. 대신 코르티솔은 간이 혈액으로 더 많은 포도당을 보내게 하고, 혈압을 높이고, 근육과 조직이 상처에 더 잘 대처하게 하는데, 이건 모두 눈앞에 닥친 위험에서 살아남게 돕는 반응이야.

물론 코르티솔 같은 스트레스 호르몬이 너무 오래 몸속에서 돌아다니는 건 건강에 좋지 않아. 하지만 위기 상황은 금방 끝날 거야. 그리고 코르티솔 수치는 원래대로 돌아가서 다음 비상 사태까지는 정상적인 수치를 유지할 거야. 언제 또 비상 모드가 발동할지는 모르겠지만.

잠깐, 뭐라고? 지금 혈액 속에 포도당이 너무 많다고? 이거 뭐, 잠시도 쉴 틈이 없구먼!

우리 몸이 말해요

공포와 두려움

창백한 얼굴 혈액이 몸의 바깥 구역으로 덜 흐르면서 얼굴에서 핏기가 사라진다(긴급한 상황에서는 피부보다 중요한 기관과 근육에 혈액이 더 필요하기 때문이다).

속이 울렁거림 혈액이 소화계로 덜 흐르기 때문에 속이 불편하다.

근육의 떨림 도망칠 때를 대비해서 근육이 빠르게 수축할 수 있도록 아드레날린이 분비된다.

오줌이 마려움 방광의 근육이 긴장하기 때문에 소변이 마렵다.

바짝 마른 입 소화계가 작동을 멈추고 몸속의 수분이 땀샘 같은 다른 시스템으로 이동하면서 침이 덜 나온다.

소화 담당실
이자
위
간
쓸개
이자
흡수 기계로
가는 길
공장장
응가 마을

혈당은 말 그대로 혈액 속의 포도당을 말해. 포도당은 인체의 가장 중요한 에너지원이야. 하지만 혈당의 양은 너무 많지도, 너무 적지도 않은 '딱 알맞은' 수치를 유지해야 해. 그런데 봐 봐. 방금 너는 아이스크림과 도넛을 먹었어. 게다가 조금 전에 비상 모드가 발동되는 바람에 다른 곳에 저장되어 있던 포도당이 혈액으로 왕창 쏟아져 들어갔잖아? 혈당 수치가 높아진 건 당연해. 하지만 분비샘 공장에는 혈당을 원래대로 돌려놓을 책임자가 있어. 바로 이자야.

이자는 소화계의 일부야. 오늘의 견학에서는 소화 과정이 포함되어 있지 않지만, 입으로 음식이 들어가는 순간부터 저 아래 어딘가에서(어디라고 말하지 않아도 알겠지?) 소화되고 남은 찌꺼기가 몸 밖으로 나가는 순간까지 아주 많은 분비샘들이 열심히 일한다는 건 알아주기 바랄게.

병균 #1
경보!
여긴 병균의 세상
소화 담당실
간
쓸개
이자
공장장
전에 저것들을 본 적 있던가?
네, 지금 T세포가 처리하러 오고 있습니다.

병균 만만세!
대왕 병균
사랑해♡
응가 마을
똥

인체에서 감염을 탐지하고 처리하는 면역계는 분비샘, 기관, 조직, 세포들로 이루어진 아주 거대한 보안망이야. 너무 복잡하고 정교해서 그 정확한 작동 원리는 나도 아직 완전히 알지 못해. 인체가 침입자로부터 자기를 지키는 첫 단계는 바로 점액, 침, 위산 등의 최전방 방어 부대야. 그중 일부는 이미 앞에서 보았지. 방어 부대의 병균 파괴력은 대단해. 하지만 일부는 방어 부대를 뚫고 몸속으로 들어가. 걱정 마. 그 녀석들도 곧 감염 탐지팀에게 걸리고 말 테니까.

감염 탐지팀에는 뛰어난 실력을 갖춘 경찰 세포들이 있어서 항상 너희의 몸을 감시하고 나쁜 병균들을 찾아다녀. 그 책임을 맡은 경찰 대장이 T세포야. T세포는 나쁜 병균의 정체를 알아보고 파괴하거나, 병균의 종류에 따라 적당한 경찰 세포가 투입되게 돕는 일을 해.

T세포는 가슴샘에서 훈련을 받아. 내분비샘인 가슴샘은 어린 T세포에게 좋은 세포와 나쁜 세포를 구분하고, 특정 병균을 상대하는 법을 가르치는 일종의 경찰 학교야.

우리는 저 병균들을 본 적이 있어! 기억 나? 저 녀석들 때문에 작년에 너희가 콧물을 엄청나게 많이 흘렸어. T세포는 저 병균들을 어떻게 처리할지 잘 알아. 그래서 더 심각한 증상을 일으키기 전에 한데 모아서 없앨 거야.

모두
처리했습니다!
수고했어! 이제 상태가
정상으로 돌아왔어.

우린 예전에도 놈들을 이겼고,
앞으로도 이길 겁니다.
하지만 우리 몸에는
당신이 필요합니다
공장장님, 혈당이
아직도 높습니다.
아차, 깜빡했네!
어서 서두르자.
공장장

혈당 책임자
이자
책임자
사용 전
호르몬
포도당
사탕
사용 후
공장장

맞다, 이자! 분비샘 공장의 놀라운 영웅이지! 이자는 외분비샘이면서 내분비샘이기도 해. 외분비샘으로서는 이자액을 분비해서 음식의 소화를 도와. 내분비샘으로서는 분비샘 공장의 혈당 책임자로 일하고 있어.

이자는 혈액의 포도당량을 감시하고 호르몬을 분비해서 당이 항상 '딱 알맞은' 양만큼만 돌아다니게 해. 혈당이 높으면 이자는 인슐린이라는 호르몬을 분비해. 인슐린은 세포가 혈액 속 포도당을 흡수하게 하지. 그럼 세포는 흡수한 포도당을 연료로 사용해서 에너지를 만들거나, 나중에 쓰려고 보관해. 어느 쪽이든 포도당이 혈류에서 세포로 들어가려면 인슐린이 필요해. 세포가 포도당을 흡수하게 혈당이 적당한 수준으로 떨어지면 이자는 인슐린 분비를 멈춰. 이런 식의 조절 방식을 음성 되먹임이라고 해. 아주 훌륭한 관리법이야. 우리 공장의 대부분이 이런 음성 되먹임으로 운영되고 있어. 몸의 항상성과 시스템을 원활하고 안정적으로 돌아가게 사용하는 방식이야.

이자는 다른 일도 해. 혈당이 많이 낮아지면 글루카곤이라는 호르몬을 분비하는데, 그러면 세포, 근육, 간에 저장되어 있던 당분이 혈액으로 분비되어 필요한 부위에서 사용될 수 있어.

혈당은 도넛이나 아이스크림을 먹은 직후에 높아지기 때문에 지금 이자에서 인슐린을 분비할 거야. 그러면 신기하게도 혈당은 딱 알맞은 상태로 돌아가겠지.

이제 공장의 모든 시스템이 안정되었어. 잠깐은 말이야. 그럼 이제 공장 견학의 마지막 장소로 가 볼까? 다행히 이곳은 아주 잠잠한 곳이야. 자, 엘리베이터를 타러 가자.

이번 견학의 마지막 장소는 수면 본부인 송과샘이야. 수면 조절은 중앙 통제실의 24시간짜리 시계로 시작해. 이 시계는 시교차상핵이라는 멋진 이름으로 불려.

시교차상핵은 눈에서 보내는 신호를 받아 태양의 위치를 파악해. '해가 뜨고 있나?' '지금은 한밤중인가?' 그리고 그 정보가 중앙 통제실에 보내지면 인체의 모든 시스템이 잠자고 깨어나는 일들을 하루의 리듬에 맞춰서 돌아가게 해. 그래서 하루 주기 리듬이라고 불러.

밤이 오면 중앙 통제실은 몸에게 잠을 잘 준비를 시켜. 심장이 아주 천천히 뛰게 하고, 코르티솔 수치를 낮춰서 잠이 오게 돕고, 수면 본부인 이곳 송과샘에 메시지를 보내지.

메시지를 받은 송과샘은 멜라토닌이라는 호르몬을 만들어. 멜라토닌은 잠 호르몬, 뱀파이어 호르몬, 또는 어둠의 호르몬이라는 별명으로도 불려. 중요한 건 밤이 되면 세포가 휴식을 취할 수 있게 멜라토닌이 돕는다는 사실이야. 멜라토닌 덕분에 체온이 낮아지고 호흡과 신진대사가 느려져서 몸은 졸리고 나른해져.

지금은 낮이니까 저 유리병에는 멜라토닌이 조금밖에 들어 있지 않아. 하지만 밤이 되면 멜라토닌이 꽉꽉 채워지지. 송과샘은 밤에 졸린 기분을 상태를 유지하려고 멜라토닌을 낮보다 열 배는 더 만들거든.

우리 몸이 말해요

수면

체온 저하 잠자리에 들기 몇 시간 전부터 체온이 내려간다.

집중력 저하 졸리면 뇌에서 메시지가 더 느리게 보내진다.

짜증 졸리면 뇌에서 감정이나 사건을 부정적인 방향으로 해석하게 된다.

하품 공기를 한껏 들이마시면 잠이 깨어 정신을 차릴 수도 있지만, 그 반대일 수도 있다. 정답은 아무도 모름.

귓구멍 출구

벌써 시간이 이렇게 됐네! 미안하지만 이젠 정말 가 봐야 할 것 같아. 분비샘 공장은 그냥 알아서 돌아가지 않거든.

너희에게 보여 주고 설명할 게 훨씬 더 많지만 아쉽게도 여기에서 견학을 마쳐야겠다. 분비샘 공장에서 함께한 시간이 즐거웠으면 좋겠어. 너희 몸속에서 어떤 일이 일어나는지 배우고 살펴보면서 너희가 문제없이 잘 살아갈 수 있도록 쉬지 않고 열심히 일하는 공장 직원들을 보니 기쁘고, 우리에게 고맙지 않아? 내 입으로 이런 말 하기는 좀 그렇지만, 우리는 대단한 존재들이라고.

나가는 길은 왼쪽이나 오른쪽 귓구멍을 이용해. 좀 끈적거릴 거야. 이곳을 떠나기 전에 공장 방문객용 설문지를 작성해 줄래? 너희가 이 견학을 어떻게 즐겼는지, 우리가 고칠 점은 무엇인지 알고 싶어. 우리 공장은 항상 더 건강한 몸을 유지하려고 노력할 거야. 계속 지켜봐 줘! 계속 고쳐 나갈게! 왜냐하면 우리는 분비샘이니까!

왼쪽 귀
나가는 문
왁스용
레버
설문지

· 해당하는 답변에 모두 표시하세요.

분비샘 공장 방문객용 설문지

1. 공장 견학이 어땠나요?

너무 재밌었다
깜짝 놀랐다
어려웠다
징그러웠다
지루했다

2. 분비샘 공장에서 제일 마음에 든 분비물은?

콧물
침
피지
기타
마이봄

3. 분비샘 공장에서 일어나는 일 중에서 가장 맘에 드는 것은?

부어오르기
수축하기
흘리기
촉촉하게 하기
새어나오기
덥게 하기
치료하기
식히기
균형 맞추기
토하기
방어하기
쥐어짜기
졸리게 하기
뿌리기

4. 분비샘 공장에서 일할 생각이 있나요? 그렇다면 어떤 부서에서 일하고 싶나요?

분비샘 공장 안내서

용어 정리

분비샘은 호르몬, 소화액, 땀, 눈물, 침, 젖 같은 물질을 한 가지 이상 만들어 내는 기관을 말한다.

1. 내분비샘은 혈관으로 호르몬을 분비한다. 내분비샘 말고도 콩팥, 지방 조직, 장 등 여러 신체 부위가 호르몬을 생산한다.

2. 외분비샘은 분비관을 통해 몸의 표면이나 신체의 특정 부위로 분비물을 내보낸다.

우리 몸 분비샘 공장의 대표적인 분비샘들을 소개할게.
공장을 견학하면서 알게 된 분비샘들이 많을 거야.

가슴샘은 내분비샘이며, 혈액의 내용물을 거르고 감시한다. 질병이나 감염과 싸우는 T세포라는 특별한 백혈구를 훈련하는 역할도 한다.

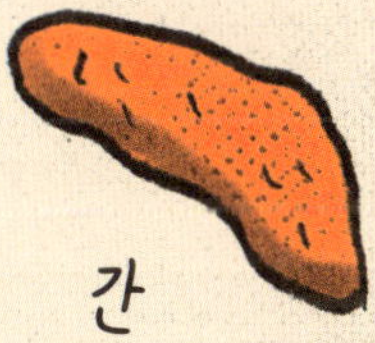
간

간은 외분비샘이자 내분비샘이다. 외분비샘으로서는 소화를 돕는 담즙을 만든다. 내분비샘으로서는 성장이나 신체 대사에 필요한 여러 중요한 호르몬을 만드는 것을 돕는다.

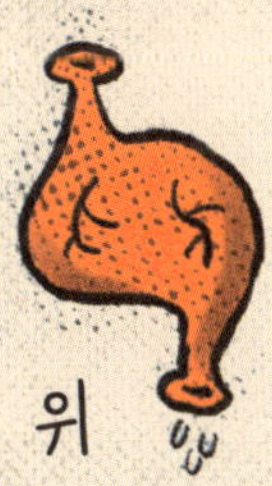
위

갑상샘은 내분비샘이며, 몸의 대사율, 생장, 발달을 조절한다. 또한 심장, 근육, 소화 기능, 두뇌 발달, 뼈 유지 등의 조절을 돕는다.

고환은 정소라고도 하며, 외분비샘이자 내분비샘이다. 외분비샘으로서는 정자를 만든다. 내분비샘으로서는 남자의 생식계에 중요한 호르몬과 뼈, 근육, 털의 생장에 중요한 호르몬을 만든다.

귀지샘은 외분비샘이며, 귀지를 만든다.

난소는 외분비샘이자 내분비샘이다. 외분비샘으로서는 난자를 분비한다. 내분비샘으로서는 여성의 성적 발달, 생식 능력, 임신 등에 중요한 호르몬들을 만든다.

뇌하수체(호르몬 창고)는 내분비샘이며, 중요한 호르몬들을 분비하고 다른 많은 샘의 기능을 통제한다. 서관(전엽)과 동관(후엽)으로 알려진 두 개의 엽이 있다.

눈물샘은 외분비샘이며, 안구를 촉촉하게 보호하기 위해 눈물을 만든다.

땀샘은 외분비샘이며, 땀을 분비해 체온을 조절한다.

부갑상샘은 내분비샘이며, 혈액에서 칼슘과 인의 수치를 조절한다.

부신은 내분비샘이며, 인체의 신진대사, 면역계, 혈압, 스트레스 반응 조절을 돕는다.

송과샘(수면 시간 중추)은 내분비샘이며, 수면 주기 조절을 돕는 호르몬인 멜라토닌을 만든다.

시상하부(중앙 통제실)는 몸이 건강하게 유지되도록 신체 시스템을 감시하고 조절하며, 내분비샘의 기능도 있다.

이자는 외분비샘이자 내분비샘이다. 외분비샘으로서는 소화액을 만든다. 내분비샘으로서는 혈당 책임자로서 혈관에 흐르는 당분의 양을 조절한다.

점액샘은 외분비샘이며, 몸의 내부가 외부와 만나는 모든 신체 부위를 뒤덮는다. 호흡과 소화를 위한 길과 관이 모두 포함된다.

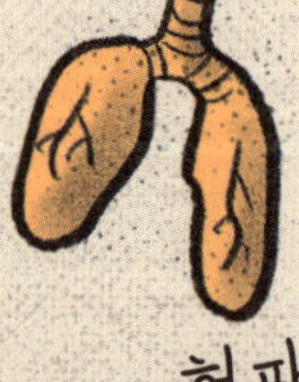

점액은 점액샘에서 만든 끈적한 물질로, 몸이 바깥과 만나는 곳을 촉촉하게 하고 보호한다.

젖샘은 외분비샘이며, 젖을 만든다. 젖의 생산을 명령하는 호르몬은 대개 임신과 함께 분비된다.

침샘은 외분비샘이며, 침을 만들어서 입안을 보호하고, 병균을 죽이고, 음식을 녹여서 삼키는 걸 돕는다.

코샘은 외분비샘이다. 숨을 들이마실 때 허파로 들어가는 공기를 촉촉하고 깨끗하게 하며, 코를 보호하고 냄새를 맡게 한다.

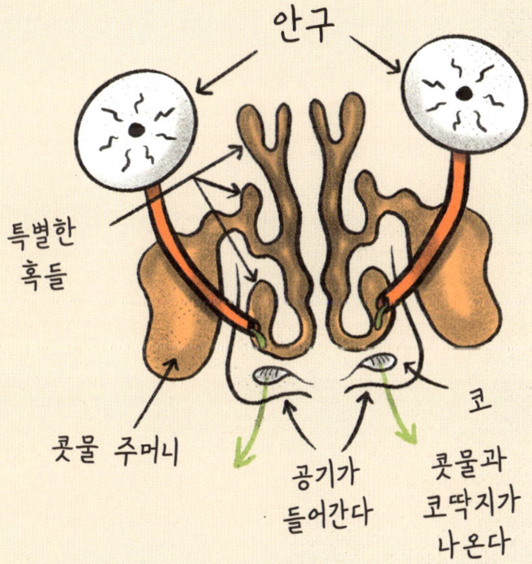

찾아보기

지은이 **레이철 폴리퀸**

아이들을 위해 글을 쓰고, 주로 과학, 자연, 동물에 대한 이야기를 씁니다. 스탠포드대학에서 석사 학위를, 브리티시컬럼비아대학에서 박사 학위를 받았으며, 미술관과 박물관에서 컬렉션 작업을 했습니다. 인간의 흔적 기관을 다룬 그림책 《이상한 몸 박물관》을, 그 후속작으로 우리 몸의 내분비샘과 외분비샘을 소개하는 그림책 《수상한 몸 공장》을 썼습니다. 이밖에 지은 책으로 《하이에나와 하이 티를 즐기는 법How to High Tea with a Hyena》《바다에서 가장 이상한 것The Strangest Thing in the Sea》 등이 있습니다. rachelpoliquin.com

그린이 **클레이턴 핸머**

일러스트레이션, 그래픽 디자인, 애니메이션, 미술 프로젝트 등 활발한 예술 활동을 하고 있는 일러스트레이터입니다. 〈뉴욕 타임스〉 〈내셔널지오그래픽 키즈〉 등 다양한 곳에서 일을 했습니다. 《이상한 몸 박물관》 《수상한 몸 공장》 을 비롯해 《거짓말에 대한 모든 것》 등 다양한 그림책에 그림을 그렸습니다. claytonhanmer.com

옮긴이 **조은영**

어려운 과학책은 쉽게, 쉬운 과학책은 재미있게 옮기려는 과학책 전문 번역가입니다. 서울대학교 생물학과를 졸업하고, 같은 대학교 천연물과학대학원과 미국 조지아대학교에서 석사 학위를 받았습니다. 옮긴 책으로는 《이상한 몸 박물관》 《팩토피아》 《60초 과학》 《뒷마당 탐조 클럽》 《랜들 먼로의 친절한 과학 그림책》 《10퍼센트 인간》 등이 있습니다.

내게 영감을 준 베아트리체에게.

레이철 폴리퀸

샐, 앨리스, 오터에게 사랑과 감사의 마음을 전합니다.
내가 수상한 몸 공장에서 초과 근무를 하는 동안
기다려 줘서 고맙습니다.

클레이턴 핸머

수상한 몸 공장
피, 땀, 호르몬의 비밀을 밝히는 미스터리 의학 그림책

초판 1쇄 펴낸날 2025년 12월 31일

지은이 레이철 폴리퀸
그린이 클레이턴 핸머
옮긴이 조은영
펴낸이 이건복
펴낸곳 도서출판 동녘

편집 김현정 김혜윤 이심지 이정신 이지원 홍주은
디자인 김태호
마케팅 임세현
관리 서숙희 이주원

만든 사람들
편집 이지원 **디자인** 김태호

인쇄·제본 영신사 **라미네이팅** 북웨어 **종이** 한서지업사

등록 제311-1980-01호 1980년 3월 25일
주소 (10881) 경기도 파주시 회동길 77-26
전화 영업 031-955-3000 편집 031-955-3005 **팩스** 031-955-3009
홈페이지 www.dongnyok.com **전자우편** editor@dongnyok.com
페이스북·인스타그램 @dongnyokpub

ISBN 978-89-7297-190-0 (74400)

• 잘못 만들어진 책은 구입처에서 바꿔 드립니다.
• 책값은 뒤표지에 쓰여 있습니다.

과학이 동동 시리즈는 알아 가는 기쁨을 담은 과학책을 소개합니다.
동동 떠오르는 호기심을 따라, 과학을 만나 보세요!

BOSS

BOSS